AF257159

# RÉCITS DUNOIS

CHATEAUDUN, IMPRIMERIE H. LECESNE

—

# CHATEAUDUN

PENDANT

## L'INVASION

—

PAR R.-A. B.

CHATEAUDUN

HENRI LECESNE, IMPRIMEUR-ÉDITEUR

—

1871

La ville de Châteaudun, en se sacri-
fiant, a cru contribuer au salut commun.

Aujourd'hui, on se propose d'appeler
sur la petite cité les sympathies natio-
nales, en racontant les grandes scènes
qui se sont passées sur ce petit et
glorieux théâtre.

Le but est grand. Dans des mains
plus exercées le moyen serait puissant;
dans les nôtres il échouera peut-être.
Cependant les choses, les belles, même
les grandes, se réalisent souvent de la

manière la plus simple, la plus inat-
tendue.

Sur un bois creux un homme étend
quelques petites cordes, et voici qu'il
tire de l'instrument fragile les accords
les plus puissants.

Sur un cylindre un autre étend une
peau d'âne, et voici le roulement du
tonnerre.

Le violon qui chante, qui pleure, dont
la voix sonore traduit, en les caressant,
toutes les passions de l'âme, nous ne
l'avons pas.

Le tambour qui tonne, qui précipite
soldats et citoyens au devant de la mort;
le tambour qui a battu la charge à Jem-
mapes, à Valmy, à Fleurus, nous ne
l'avons pas.

Ainsi, ni le violon, ni le tambour; rien

de ce qui touche, de ce qui ravit ; rien de ce qui enlève, de ce qui électrise.

Pour tout bagage, le bâton du voyageur ; l'amour de la patrie pour seule force.

Quand on aime son pays, quand on veut le servir, malgré sa faiblesse, on ne s'arrête pas longtemps à peser les chances. On pousse en avant, tête baissée ; on tombe ou on arrive, sûr, dans les deux fortunes, de rencontrer l'honneur.

# JOURNÉE DU 21 DÉCEMBRE

# JOURNÉE DU 21 DÉCEMBRE



Châteaudun, la petite cité dunoise, a donné, le 18 octobre 1870, un grand exemple.

Quoique ouverte de toutes parts, la petite ville, qui ne comptait pas treize cents combattants, a tenu tête, pendant dix heures, à huit mille Allemands disposant de cinq batteries d'artillerie, d'un corps de réserve de cinq mille hommes.

L'histoire ne dédaignera pas le fait d'armes

dunois, dont la gloire ne fut pas tout entière pour le vainqueur. Elle dira que, si le patriotisme dont Châteaudun a prodigué les preuves avait trouvé de nombreux imitateurs, c'était fait de l'étranger.

On racontera la grande journée de la petite cité. Aujourd'hui, on ne demande qu'à placer sous les yeux de nos compatriotes cette étrange et fantastique apparition du 21 décembre, qui, pendant douze heures, a tenu les glorieux vaincus du 18 octobre dans la stupéfaction.

On s'était battu tout autour de Châteaudun. La ville s'était vue le centre d'un cercle de feu. Le canon avait cessé de se faire entendre depuis cinq grands jours, et le résultat de la lugubre canonnade restait une énigme.

Les communications étaient coupées, les relations interrompues. Plus de courriers, plus de journaux, plus de lettres. Un silence absolu sur toutes choses, une anxiété sans bornes dans tous les cœurs.

Qu'étaient devenus les parents, les amis absents? Les fils, retenus au loin sous le drapeau de la France, étaient-ils vivants ou morts?

Et la patrie, si témérairement lancée dans les hasards de la guerre, allait-elle pouvoir se tirer de l'abîme si malheureusement creusé sous ses pas?

C'était pour les Dunois une situation pleine d'angoisse.

Sous le poids écrasant des événements, les intérêts, les affections, le patriotisme de la petite cité éclataient sous toutes les formes de la douleur. La vie sociale s'écoulait par toutes les issues, comme s'était écoulé, à Forbach, Spickeren, Sarrebruck, Wissembourg, Freschwiller, le sang de ces soldats qui combattant un contre quatre ne s'étaient vu arracher le triomphe qu'après douze heures de lutte et de carnage.

A la situation désespérée de la petite ville le ciel lui-même venait ajouter ses rigueurs. Il faisait froid; une neige fine, abondante, glaciale, obscurcissait le jour, faisait monter dans les rues et sur les places la fange qu'y avait apportée l'armée ennemie.

Par surcroît, et pourquoi le cacher? une certaine défaillance des âmes, amenée par les veilles, les privations, les émotions, défaillance bien naturelle, que l'aspect désolé des foyers détruits n'était point fait pour atténuer.

Ces grands murs troués par le boulet, penchés, renversés sous l'action de l'incendie allumé à la main par le vainqueur, le lendemain de la bataille, toutes ces montagnes de pierres, de décombres, toutes ces poutres noircies, toutes ces barres de fer oxydées, tordues, pour les victimes de cet infernal désastre, n'étaient pas que poussière.

Debout et intacts, leurs abris, à présent débris, avaient vu passer plusieurs générations. Sous ces toits séculaires, écroulés en une heure, sur l'ordre d'un prince, les grands parents étaient nés , les grands parents étaient morts, les fils et les petits-fils avaient trouvé, avec les souvenirs tutélaires des aïeux, leur berceau.

Témoins des peines et des joies de tous, ces foyers réduits en cendres avaient servi de cadre aux images graves, austères, de la famille qui savent pourtant si bien sourire, que l'on ne regarde jamais sans plaisir, que l'on interroge toujours avec fruit.

Ces images vénérées, qui rappellent le passé, protègent le présent, garantissent l'avenir, retiennent plus qu'on ne le croit l'ordre, la paix, le bonheur au foyer domestique. Que de bonnes et sages inspirations ne font-elles pas éclore? Que de doux et gracieux souvenirs ne réveillent-elles pas?

Et quel est l'homme qui, devant le portrait de sa mère, peut devenir oublieux du respect dû à sa mémoire ?

Les maisons non incendiées, veuves la plupart de leurs habitants, étaient fermées, désertes. La hache et le pillage les avaient déshonorées. Là aussi, le vainqueur avait fait litière de tout ce qui rattache l'homme à l'existence, de tout ce qui peut le soutenir, le consoler pendant les jours d'épreuves. Le livre de la vie intime n'est jamais détruit en vain. Une fois ses feuillets dispersés, le livre ne se refait plus ; les impressions, les souvenirs, même les plus vivaces, s'affaiblissent, s'effacent sous le poids des années. L'ombre descend, puis vient la nuit. Tandis qu'une image visible, palpable, parlante, toujours sous les regards, paralyse l'effort du temps, lutte victorieusement contre son action meurtrière, et retient, dans le cœur qui se refroidit, l'étincelle sacrée.

L'un des plus grands orateurs de notre siècle, chargé de jours et d'ennuis, quitte son cabinet de travail pour aller mourir. Ses amis restés fidèles se disposent à le porter sur sa couche. La journée était tiède, le ciel radieux, l'air embaumé. On ouvre une porte, et l'appartement est inondé de lumière. Sous la magie des chauds rayons tout s'anime, tout s'agite, tout se colore. Électrisé par cette ironie de la nature, le mourant se dégage des bras qui le soutiennent, et, par un effort suprême, ressaisissant la puissance et l'éclat, il s'apprête à recevoir la visite que la vie vient faire à la mort. Ses lèvres frémissent, son œil s'emplit de flammes, le cygne va faire entendre ses derniers chants. Lui, les bras tendus, s'avance seul devant les images sacrées. Il les contemple, elles lui parlent, et, avec un accent incomparable, il adresse à son père, à sa mère, le suprême adieu. Ce fut un éclair, un cri, un sanglot,

2

quelque chose d'indescriptible, d'intradui-
sible, mais, d'ineffaçable. La note pleine
d'harmonie, la note suave et pure, ne fit
point reculer la mort ; mais, pour la trans-
mettre aux âges futurs, l'histoire l'a re-
cueillie.

Oui, la pierre de notre berceau possède une
voix, un langage que nous avons besoin
d'entendre. Oui, la contemplation et l'amour
des souvenirs domestiques nous est néces-
saire pour bien vivre, pour bien mourir. A
l'entrée de la vie, l'homme peut la voir
briser peut-être ; mais celui dont les jours
sont comptés ne le peut pas. Il sait que
la vie est une montagne aride, escarpée, que
l'on gravit debout, à la sueur de son front,
que l'on ne peut descendre qu'assis. Où ira-
t-il s'asseoir celui dont le siége, fruit de
quarante ans de travail, a été détruit en une
heure ? Comment pourra se consoler ce
vieillard qui, au milieu du naufrage général,

se demande comment il pourra refaire l'abri qu'il a perdu ?

Ainsi, de par le droit barbare de la guerre, la petite cité dunoise qui, le 18 octobre, n'avait eu qu'une âme pour la défense de son honneur, se trouvait coupée en deux : d'un côté la ruine, rien que la ruine ; de l'autre, la nuit et le silence !

On en était là à Châteaudun le 21 décembre 1870, à huit heures du matin.

Tout d'un coup parut un groupe de cavaliers, puis un second, puis un troisième.

Chaque groupe avançait au pas, le sabre au fourreau, le visage calme, la bouche close, ne témoignant ni crainte, ni colère, avec cette impassibilité que donne la force.

Que signifiait leur présence ? Qu'annonçait-elle ? L'attitude des soldats était impénétrable ; les conjectures étaient impossibles.

Soudain, dans le lointain, on entendit comme le roulement du tonnerre.

Le peu de Dunois resté dans la ville courut au-devant de la tempête ou de l'ouragan.

Il est des heures sinistres où le danger, cessant d'être redouté, attire, fascine comme l'abîme, et Châteaudun, on l'a dit, se trouvait sur le bord de l'abîme.

Alors, par les routes du Vendômois et du Perche, se précipita, dans les murs dévastés de la petite cité, avec l'impétuosité d'un débordement, toute une armée.

La Loire, sortie de son lit, déracinant tout, démolissant tout, entraînant tout, jetant tout dans nos rues, n'aurait pu présenter un tableau plus saisissant, plus terrible !

Tout passait, hommes, chevaux, charriots ; tout roulait avec un bruit épouvantable, sans que la voix humaine se mêlât à ce cahos.

On ne remarqua rien d'abord. L'oreille était trop pleine, l'agitation trop grande.

Passant brusquement de la lumière à l'obscurité, du jour à la nuit, l'homme éprouve une difficulté extrême à percevoir les objets qui l'entourent. Ces objets ne se dégagent que peu à peu, par un violent effort de volonté. De même, quand éclate subitement un bruit formidable, l'homme reste d'abord tout entier à ce bruit. Ce n'est que lorsqu'il a pu parvenir à se dégager de l'étreinte assourdissante, qu'il lui devient possible de rechercher la nature et la signification du trouble profond qui l'a dominé.

De nouveaux pelotons de soldats, cette fois plus nombreux, passent presque inaperçus encore. C'est le bruit, le bruit seul, le bruit toujours, qui absorbe, qui domine ; c'est le roulement sourd, prolongé, des charriots serpentant dans nos murs, qui frappe l'imagination et la captive.

Les charriots sont noirs, longs, étroits, lourdement chargés, soigneusement recouverts d'une longue et large toile noire. Attelés de six chevaux noirs, conduits et dirigés par trois soldats en selle, ces charriots roulent magistralement. Les accidents de terrain semblent accroître la vigueur des chevaux. Les naseaux au vent, l'éclair dans les yeux, le col tendu, allongé, les jarrets frémissants, ils enlèvent les lourds et noirs charriots en faisant jaillir la flamme des pavés.

Ce n'est pas là le caractère de la faiblesse, l'indice de la défaite, de la fuite ; c'est l'image vivante de la force, de la puissance. C'est le rouleau de fer écrasant tout sur son passage!

Que renferment ces charriots si remplis, si lourds, si retentissants ? ses trésors, ses armes, de nouveaux engins meurtriers peut-être.

Ils passent pendant des heures. Le mouvement est rapide, régulier. Point de temps d'arrêt, point d'hésitation, point de confusion.

Toujours le même ordre, toujours la même vitesse obtenue dans le même temps, toujours la même ligne suivie, toujours la même distance observée. Dans cette course effroyable tout a été prévu, réglé comme sur un échiquier, tout est exécuté avec la même précision, la même énergie.

Le tumulte grandit; le flot, loin de se ralentir, se précipite toujours rapide, toujours puissant, toujours éclatant. Au-dessus de la tourmente, les Allemands debout, muets, impassibles. Le spectacle était inouï, le trouble des spectateurs sans limites.

Dominés, transportés dans le domaine des fantômes, les témoins de cette grande et terrible scène crurent voir, planant dans l'espace, entraînant l'avalanche de guerre, un monstre aux regards hypocrites, tout luisants d'une joie barbare. Au milieu de ricanements où l'insolence et le mépris se livraient un duel à mort, sa gueule lançait dans les airs

d'abominables imprécations, d'affreux appels
à l'incendie, au meurtre, crachait l'injure,
l'outrage, et, avec le bruit sec et strident du
fer broyé sous le marteau, hurlait de temps
à autre : Friedland ! Friedland ! Iéna ! Iéna !

Triste et fatal retour de la violence et de
l'injustice !

Parce que

> Un conquérant, dans sa fortune altière,
> S'est fait un jeu des sceptres et des lois...

il faut qu'un peuple, tout entier aux œuvres
de la paix, soit guetté, surpris, anéanti. Et
quel peuple? celui qui, le premier, proclama
les éternels principes de justice et d'ordre
qui doivent régir les sociétés futures. Enfants
de l'Allemagne ! vous êtes les instruments
inconscients d'une politique égarée. Ce n'est
pas contre la France que vous devez diriger
le fer et le feu : la France invite tous les
peuples à la concorde. Elle répudie la guerre,

la conquête, en repousse les horreurs, et,
satisfaite du rôle que lui assigne son génie,
elle convie le monde aux luttes pacifiques
du travail, les seules qui peuvent conduire
l'humanité à ses véritables destinées.

Les charriots roulaient toujours.

Ils passaient toujours avec le même fracas.
Les roues bondissaient au milieu d'éclairs, les
traits fouettaient les flancs des chevaux, se
tordaient sous l'effort et semblaient gémir.

Le bois, le fer, le chanvre, le cuir, tout
paraissait ne faire qu'un corps, n'avoir qu'une
voix. Dans le savant accouplement de
l'homme, de la bête et de la matière, tout
présentait le même caractère d'énergie, tout
exprimait la même volonté de briser, d'ané-
antir.

Cette mise en scène de tout ce qui constitue la force, cette entente incomparable des
éléments, des conditions qui la rendent invin-

cible, mettent bien en lumière l'intention depuis longtemps arrêtée de nous faire la guerre. Vous direz vainement que vous ne la vouliez pas, que la France seule l'a voulue : la postérité ne vous croira pas; car les choses déposent contre vous, et vous savez qu'elles finissent toujours par dévoiler ce que veulent cacher les hommes.

Par une habileté dont il ne faut pas trop vous enorgueillir, vous avez amené la victime sous votre griffe. Elle a entrevu le piége, mais trop tard ; elle a crié; et, vous tournant vers l'Europe, vous avez dit : Vous le voyez, la France veut absolument la guerre. Que sa volonté soit faite et non la nôtre! Puis, vous ruant en masses profondes sur *les quelques lignes* qui bordaient votre frontière, vous êtes passés. Comme le lion, vous vous êtes jetés sur votre proie, et, lui plongeant par trois fois vos griffes de fer dans le cœur, vous l'avez crue morte !

Telle est la vérité, la vérité inaltérable, indéniable, contre laquelle tout échouera : et vos affirmations et les témoignages complaisants, serviles, que le succès obtient toujours de la peur.

Soyez fiers de la profondeur de votre politique, de la grandeur de vos desseins. Jouissez de votre force matérielle, puisque vous semblez la préférer à ces filles du Ciel qui s'appellent la Raison, le Droit, la Justice, mais jouissez-en vite, car cela dure peu.

Malheur à qui ne s'appuie que sur la force! Puissance d'un jour, la force s'affaisse bientôt sous son propre poids en creusant l'abîme où elle doit disparaître. Vous riez; cela se conçoit : le succès méprise et repousse tout ce qui ne l'encense pas.

Les heures s'écoulaient, le torrent continuait de mugir, de précipiter sa course, de semer l'épouvante, et l'imagination terrifiée

pouvait craindre qu'il n'y eût point de terme
à ce colossal débordement ; mais tout finit par
faiblir et disparaître, souvent à l'heure même
où la lumière qui doit s'éteindre paraît briller
du plus vif éclat.

Les charriots roulaient toujours ; mais déjà
commençait à gronder un tumulte qui n'était
plus le leur.

Qui ne se rappelle l'étourdissant et brillant
tintamarre de cette pièce pyrotechnique ter-
minant invariablement nos fêtes publiques ?
Il semble que la nappe aérienne se déchire
en une multitude de lambeaux, que le bruit
ou la détonation résultant de ce phénomène
est répercuté par des milliers d'échos.
Ainsi, à certaine distance, éclate le choc de
la cavalerie, quand, se cabrant sous l'action
du froid, les chevaux, à coups redoublés, font
résonner leurs fers sur le pavé des villes.

Les hussards de la mort paraissent les pre-
miers, massés en colonnes, sur quatre rangs.

Leur coiffure noire et basse porte, pour décor, le crâne ricanant du squelette humain posé sur des tibias en croix. Sous cet emblême lugubre, de gros garçons bouffis, plus épris de Bacchus que de Mars, ne demandant qu'à vivre, préférant à leurs longs sabres, à leurs lourds et courts mousquetons, le glass-bier ambré de Munich.

Ces joyeux hussards de la mort ne font pas oublier les nôtres, ces cavaliers légers, rapides, au visage pâle, à la chevelure noire, aux yeux pleins d'éclairs, que la trompette électrise, que la gloire enivre, qui traversent les champs de bataille comme la tempête les champs de blé, en couchant tout à terre.

Après les hussards de la mort, dont le kolback seul est terrible, voici les dragons au casque de cuir bouilli, avec visière, couvre-nuque et l'éternelle pointe en cuivre creux. Braves dragons! Nous avons eu aussi des dragons. Nous ne savons si vous avez jamais entendu parler des dragons d'Espagne qui étaient nôtres. Vos pères les ont connus, au moins de réputation. S'ils ne sont pas tous morts, vos. pères, ils ont dû vous en parler, au moins une fois, l'hiver, au coin de vos larges foyers, alors que le silence et l'obscurité portent si bien aux récits héroïques.

Les dragons passés, viennent les cuirassiers blancs dont on a annoncé la mort tant de fois. Pour des revenants, ils ne se portent pas mal. Qu'ils paraissent grands sur leurs chevaux magnifiques , sous leurs casques d'acier, sous leurs brillantes cuirasses. Quels soldats ! Ce ne sont pas des hommes, mais des murailles de fer.

Si l'on ne se trompe, la France a possédé quelques cuirassiers. Ils n'étaient pas blancs, surtout les jours où tout rouges de sang ils enfonçaient les carrés. On affirme que, partout où ces cuirassiers ont passé, un frémissement s'élève à la surface du sol. Ils n'ont pas toujours été vainqueurs; ils ont quelquefois tout perdu, comme François I<sup>er</sup>, mais toujours fors l'honneur.

Le peintre Géricault n'a pas dédaigné de les prendre pour types de ses plus mâles figures; le poète national Pierre Dupont leur a consacré le plus beau de ses chants; Thiers, l'historien, l'une de ses plus belles pages. Dressez-vous sur vos fiers coursiers, braves cuirassiers blancs, jamais vous ne parviendrez à effacer la trace lumineuse de nos cuirassiers bleus. Cette trace restera, quoi que puisse faire le laboureur de Waterloo et de Freschwiller. Jamais elle ne disparaîtra. Le temps lui-même s'userait à cette œuvre impossible.

*Beau cuirassier* de Waterloo, *intrépide cuirassier* de Freschwiller, vous avez maintenant même destinée, même gloire. Tous vous êtes tombés en faisant trembler vos vainqueurs; tous vous avez fini comme des Français savent et peuvent seuls finir. Que votre mémoire soit éternelle! Que la postérité vous admire toujours! Pour nous, pauvre chroniqueur inconnu, tout transporté du récit de vos exploits, nous nous inclinons avec respect et nous vous disons : Salut!

Le voyageur qui, en Grèce, va interroger les siècles passés, n'aperçoit jamais un champ de bataille sans être pénétré d'un sentiment de grandeur inconnu. Pour la contemplation des grandes choses, Dieu élève notre âme. Cette force momentanée, cet élan éphémère, cette lumière, ce feu, ce frisson presque divin, nous nous en sentons rempli. Grâce à cette transformation subite de tout notre être, nous nous croyons assez grandi pour élever nos regards jusqu'à vous.

« Beau cuirassier de Waterloo, intrépide

cuirassier de Freschwiller, encore une fois salut! »

Les charriots roulaient toujours.

Voici les équipages de pont, les bateaux larges et longs, tout recouverts de fer. Voici les fourgons, les caissons qui recèlent les boulets, les obus, les bombes. Voici les canons oscillant sur leurs affûts avec le bruit de la foudre. Le temps les a brunis, ces canons longs, étroits; la prévoyance les a enveloppés, aux deux extrémités, d'un cuir sombre. Est-ce pour mieux leur conserver leur puissance, ou par commisération pour les vaincus, que l'envahisseur a voilé cet appareil terrible de la mort?

Le fracas terrible que tous ces engins destructeurs produisent sur leur passage donne le frisson; mais qu'est-ce en comparaison de l'affreux tumulte que leur vue soulève dans les âmes françaises?

C'est avec ces canons et couché derrière eux, que l'Allemand prévoyant et prudent a pu paralyser, stériliser l'élan, la furie des soldats de la France, intervertir ainsi les rôles distribués par la nature depuis tant de siècles.

A ce changement brusque, inattendu, des conditions de la guerre, quelle rage n'ont pas dû ressentir nos enfants exposés à ce feu terrible qu'ils ne pouvaient rendre !

Entre le gigantesque appareil de guerre de l'envahisseur et celui que traînent si péniblement nos propres troupes, la distance est incommensurable. Cette comparaison si pénible s'imposait néanmoins à l'esprit d'un grand nombre ; le rêve égyptien revenait à plus d'une mémoire : l'image des sept vaches grasses et des sept vaches maigres, se détachant tout à coup de la profondeur des horizons, de la nuit des siècles, venait se placer sous les yeux de plusieurs.

Les charriots roulaient toujours.

Dans une rue voisine un homme passe à
cheval. Il est vêtu de bleu, coiffé d'une
casquette bleue, galonnée de rouge. Autour
de ses reins, un ceinturon de cuir tient
suspendu un sabre vulgaire. Pour tout signe
distinctif, des pattes sur sa tunique, et sur ces
pattes une grosse torsade d'argent. La taille
du cavalier est épaisse, le buste massif. La
face, forte en couleur, porte de longs favoris
flottants d'un blond vif, qui descendent sur
les joues et les recouvrent. La bouche est
serrée, et l'œil, presque tout entier, disparaît
sous une paupière alourdie par les veilles et
les fatigues.

Derrière ce personnage vêtu si simplement,
presque à ses côtés, chevauche un adolescent,
un enfant. Il grelotte. Son visage pâle, son
regard attendri intéressent. Peut-être rêve-
t-il à sa mère, à sa patrie, à toutes ces nobles

et saintes choses que l'on n'abandonne jamais
sans larmes, que l'on ne revoit jamais sans
larmes. L'aspect de ce jeune homme nous fait
penser aux mères qui attendent leur fils et qui
ne doivent plus leur sourire, à tout ce grand
deuil qu'étend sur la France et sur l'Allemagne, comme un immense linceul, une
politique qui n'est plus de notre temps.

A. quelques pas de l'homme tout vêtu de
bleu et si simple, et du jeune homme pâle, un
nombreux état-major. Dans le regard de ces
officiers, rien d'agressif, d'étudié, de compassé.
La fierté allemande, cette fois, semble avoir
fait place à un autre sentiment. Ils foulent,
ces vainqueurs, la terre qui donna Catinat,
Fabert, Turenne, Joubert, Jourdan, Marceau,
Hoche, Condé, le vainqueur de Rocroy,
Desaix, le héros de Marengo, cette terre qui
avait donné Philippe-Auguste, saint Louis,
Henri IV, Louis XIV, et qui, il n'y a pas plus
de quatre-vingts ans encore, lançait contre

l'étranger envahisseur ces bandes déguenillées qui devaient délivrer la patrie en remplissant l'univers du bruit de leurs armes.

Quand des Hessois, des Badois, des Bavarois retrouvent la trace de tels géants, on conçoit qu'ils se recueillent.

Le prince, l'enfant, l'état-major passés, des voitures de maître, des chevaux de maître, des charriots chargés en grand nombre. Sur le bois, le fer, la toile de tout ce matériel princier, une couronne peinte en jaune.

Duc de Mecklembourg, pourquoi passez-vous par cette voie détournée? pourquoi ne marchez-vous pas à la tête de votre cavalerie? Le spectacle de ruines amoncelées, l'attitude des citoyens dont les foyers sont à terre, vous seraient peu agréables, et vous vous effacez : c'est sage et digne.

Allez, Prince, allez raconter à vos sujets que votre allié le prince Albert a assimilé des citoyens défendant leurs foyers à des criminels ; qu'il s'est montré dur, cruel, inexorable. Ne craignez pas d'ajouter, si la vérité vous plaît, Prince, que la petite cité dunoise a été anéantie au moment même où elle venait de conquérir le droit de vivre éternellement dans la mémoire des hommes.

Les charriots roulaient toujours.

Maintenant ce n'est plus le rugissement terrible qui menace, qui terrifie; c'est la voix désespérée qui gémit, qui sanglotte. Ce n'est plus le lion, c'est la victime. Succession fatale des choses de ce monde! Revers fatal de toute médaille frappée en l'honneur de la force !

Les charriots qui passent sont mal assis sur leurs essieux, les chevaux qui les traînent sont efflanqués, éreintés, fourbus. Ces charriots sont les nôtres, ces chevaux sont les nôtres, et c'est le soldat prussien qui dirige le lamentable convoi.

Les charriots sont de toutes les formes, de toutes les dimensions. Ils représentent tous les types connus de l'agriculture, de l'industrie, du commerce. Ils sont de l'Alsace, de la Champagne, de la Brie, de la banlieue de Paris, de l'Orléanais, du Vendômois, du Blaisois, de la Beauce. Hier la propriété de milliers d'hommes, aujourd'hui la chose d'un seul, ils regorgent de tout ce que produit le travail national, de toutes les marchandises exotiques que se procure à si grands frais notre commerce maritime.

Les sacs qui renferment le blé, la farine, le riz, l'avoine, le café, sont tellement pleins qu'ils se déchirent semant leur contenu sur leur passage. Les tonnes de vin, de liqueur, d'huile, gorgées jusqu'à la bonde, sont sillonnées de traces liquides de toute couleur, qui descendent sur les caisses de chandelle, de bougie, de saindoux et jusque sur les quartiers de viande dansant pêle-mêle au milieu de ce gigantesque bazar.

Les charriots roulaient toujours.

Toujours pesants, toujours retentissants. Que de fermes, de boutiques, d'ateliers, il a fallu pour les emplir!

Ils passaient, nos charriots, conduits par ces Allemands gros, gras, luisants, disparaissant sous nos couvertures de laine, mollement assis sur nos dépouilles, et nous les regardions passer, nous, le désespoir dans l'âme.

Cette quantité prodigieuse de matières dérobées met bien à nu le système de l'envahisseur. Il a voulu tarir toutes les sources pour éloigner de nous toute idée, toute possibilité de représailles.

On ne dressera pas le bilan de nos misères,

on se bornera à quelques énonciations sommaires. Il est des temps où, chiffres et raisonnements devenant inutiles, il suffit de découvrir la plaie que l'on veut sonder et de dire : Regardez et touchez.

L'envahisseur a pris les récoltes, les voitures, enlevé les chevaux, le bétail, souvent incendié la ferme, atteignant du même coup la richesse créée, la richesse en voie de formation, autrement dit : le passé, le présent et l'avenir.

Par cette manière toute nouvelle de pratiquer la guerre, l'envahisseur obtenait de la peur en même temps la fermeture des ateliers, des magasins, des boutiques, l'interruption de tous les services privés et publics.

Bloquant ensuite les régions envahies, les isolant les unes des autres, il soumettait les individus, les communes, à toutes les réquisitions en nature et en argent que pouvait supporter la victime sans en mourir.

Ainsi, anéantissement de la production, de la circulation, de l'échange, c'est-à-dire suppression de la vie sociale. Puis, le vide dans les granges, dans les magasins, dans les ateliers, dans les greniers, dans les caves, dans les poches, dans les caisses, en attendant la grande curée des coffres de l'État.

Un arbre gigantesque apparaît dans la plaine. Ses rameaux vigoureux s'étendent à l'infini.

Le tronc de cet arbre, à la circonférence colossale, accuse une longue série de siècles. Des trésors de tous les âges, de toute nature, y sont appendus. Œuvre commune de Dieu et de ses créatures, cet arbre resplendit d'une beauté et d'une richesse incomparables. Quelle main sacrilége voudrait l'abattre?

Aux pieds du colosse une multitude d'hommes armés, excités par la haine aveugle, se donnant la main, unissant dans une action désespérée leurs efforts, l'enserrent, l'ébranlent. Les fruits amassés un à un, jour par jour, tombent tous à la fois; tout ce qui ne peut être dévoré, emporté, est détruit. Ainsi procède la guerre, en 1870, devant l'œuvre patiente et sacrée des siècles!

Les charriots roulaient toujours.

Ils étaient estampillés, numérotés; chaque charretier portait à sa coiffure le numéro de son charriot. L'ordre matériel le plus méthodique dans le désordre moral le plus hideux.

L'un de ces milliers de charriots, d'origine toute beauceronne, recouvert d'une toile blanche posée sur des cerceaux, donnait le nom et la demeure de son propriétaire.

Pauvre Popot-Vanneau de Tillay-le-Péneux! Quand ce charriot que ta main a conduit tant de fois a été emprunté par l'Al-

lemand qui doit le garder, tu devais espérer,
n'est - ce - pas, qu'il se trouverait dans
l'armée de l'envahisseur un officier, un
homme que ton nom de travailleur, que
l'appellation de ton village pourrait toucher?
A Tillay-le-Péneux, la vie n'a pas toujours
été facile. Pour le faire ce qu'il est aujour-
d'hui, ce Tillay, il a fallu jadis de grands
efforts, une tenace et puissante volonté, une
longue série de jours. D'abord, rien que des
genêts, des joncs-marins, du sable et des
cailloux! Un homme, un travailleur, un
Tillay, armé de ses deux bras, se présente et
dit : De cette friche, je ferai un champ nourricier; avec ce sable et ces pierres, un abri.
Cet homme au cœur vaillant, c'est ton an-
cêtre, Popot-Vanneau. Incline-toi, car il doit
te paraître bien grand, ce Tillay-le-Péneux,
si tu le compares au soldat qui t'a pris ton
charriot.

Brave descendant de Tillay-le-Péneux,

l'étranger n'a pas su lire la légende attendris-
sante qui se détache en caractères noirs de
la toile de ton charriot. L'étranger qui nous
foule est sans yeux, sans oreilles. Il ne fait
pas la guerre aux soldats seulement, il la fait
encore aux citoyens, à leurs biens; d'une
main il tient l'épée, de l'autre le sac.

Mais qu'importent les pertes, les ruines,
quand il s'agit du salut de la France! Oublions
les charriots dérobés, les chevaux, les moutons, le blé, l'avoine, tous les biens perdus,
ne songeons qu'à la patrie. Elle aurait vécu
toujours grande, toujours glorieuse, la patrie,
si le patriotisme eût échauffé toujours les
âmes. Pour durer et grandir, la patrie veut
des patriotes, brave Popot-Vanneau de Tillay-
le-Péneux.

Nations surprises, foulées par l'étranger,
ce n'est pas seulement avec le fer qu'on
défend son indépendance, c'est aussi avec
l'esprit, avec le cœur, c'est-à-dire avec le

dévouement, le sacrifice. Ce n'est pas au veau d'or qu'il faut toujours demander ses inspirations, dans les heures difficiles, c'est au Dieu miséricordieux, plein de tendresse, d'amour, qui monta au Golgotha pour apprendre à tous les siècles à venir que le salut suprême ne peut se trouver que dans le suprême sacrifice.

Un jour, tout un peuple barbare, comptant ses soldats par centaines de mille, s'abattit comme la tempête sur un tout petit peuple. L'irruption menaçait de tout engloutir. Les sages de la petite nation recommandent la soumission, la résignation : on obtiendrait ainsi des conditions meilleures ; et, le temps aidant, on pourrait relever sa fortune. C'en était fait du petit peuple, si le conseil des sages eut prévalu. Un homme sortit de la foule, prit la parole et démontra que le plus sûr moyen de se sauver, dans une pareille extrémité, était de se préparer à mourir.

Comme il avait parlé à des citoyens, il fut compris, applaudi. Aussitôt il choisit ses soldats, constitue son armée; et, allant se poster dans un endroit où le petit nombre peut lutter contre le plus grand, il attend l'ennemi. Sur ce champ de bataille dont le nom fait tressaillir encore les âmes les plus vulgaires, dix mille citoyens triomphèrent de trois cent mille mercenaires. Le petit peuple, le plus grand de l'antiquité, fut sauvé; et le nom du général, passant de siècle en siècle, à travers les révolutions, marche à la postérité sans halte, sans trêve, grandissant toujours dans le respect et l'admiration des hommes. Qui de nous, enfants de la France, sur les bancs où l'on étudie l'œuvre des âges écoulés, ne s'est senti tressaillir à l'évocation de la grande journée qui sauva la patrie des Praxitèle, des Périclès, des Thémistocle, des Phidias, des Aristide, des Socrate, des Platon, des Aristote, des Sophocle, des Euripide....!

Qui de nous ne s'est incliné, ému, pénétré d'un sentiment de respect infini, devant le grand nom de Miltiade, le sauveur de la Grèce !

Les charriots roulaient toujours.

Entre ces charriots, et d'espace en espace, défilaient des troupeaux entiers. Les soldats qui les avaient pris n'avaient rien négligé, rien omis. Le dos couvert de la pointe ouatée et piquée de la fermière, ils tenaient à la main les chiens de la ferme. Insoucieux du chenil paternel, oublieux du fermier nourricier, ces chiens aux longs poils, à l'œil de feu, à la langue pantelante, entraînaient les soldats improvisés bergers , tenaient les brebis, les béliers, les agneaux massés sous l'empire de la terreur, en laissant briller sous leurs longues et épaisses moustaches noires l'ivoire éclatant de leurs crocs acérés.

Après les troupeaux de moutons, les troupeaux de bœufs, et après ces derniers une arrière-garde de soldats, armés du long bâton ferré du bouvier.

Les charriots roulaient toujours.

Chargés, cette fois, de soldats à la figure pâle, aux yeux vitreux, au bras en écharpe, au front entouré du linge sanglant. Derrière ces victimes, des chevaux, beaucoup de chevaux tout sellés, mais sans cavaliers. Puis encore de nouveaux charriots pleins de lances rompues, de cuirasses, de casques bosselés, de fusils brisés, de sabres sans fourreaux. Espèce de bazar mélangé d'hôpital, à l'aspect sinistre, boueux, hurlant, par toutes les voix, anathème à la guerre!

Le cœur nous manquait, nous allions fuir, quand, à notre grande surprise, une musique vive, alerte, sautillante, vint nous annoncer un spectacle d'un nouveau genre.

Tout se tient, tout se mêle dans l'humanité :
le rire et les larmes, la comédie et le drame.

Des bataillons d'infanterie, des restes de
régiments peut-être, passèrent, précédés de
fifres et de tambourins. Cette musique de
fête champêtre, nous crûmes nous rappeler
l'avoir entendue, il y a bien longtemps, loin,
bien loin d'ici, sous les grands arbres de la
forêt ou du parc, dans ces contrées où les
jeunes femmes ont de si beaux yeux bleus,
de si jolis sourires, avec des cheveux tout
dorés, descendant en longues nattes tressées.
Jours paisibles, jours heureux, qu'êtes-vous
devenus ?

Les bataillons passaient. Les jeunes et
blonds Bavarois, sous leur casque noir, sur-
monté de la chenille et du plumet noirs,
traversaient d'un pas léger, cadencé au son
de leurs fifres et de leurs tambourins, nos
rues encombrées de débris.

Quoi ! pensâmes-nous, ce sont là les fioritures qui ont fait taire la voix grave, éclatante, terrible. Entre ce panpantutu par trop pastoral pour la circonstance et notre manière à nous d'enlever le pas, de faire franchir l'obstacle, quelle distance ! Pour réaliser l'œuvre du levier, notre tambour n'a qu'une note, mais quelle note ! L'Europe l'a entendue et l'a retenue ! L'écho des forêts allemandes doit la redire encore.

Blonds Bavarois, arrondissez le coude, tendez le jarret, dandinez-vous bien, vous ne parviendrez pas à nous offrir un spécimen même effacé de ce que furent nos pères en présence des vôtres. Pour nous, nous nous dérobons, par la pensée, au spectacle puéril que vous nous donnez ; nous nous retirons de la boue que vous piétinez, qui nous donne froid ; nous courons dans vos plaines, dans vos montagnes. Les voici, nous les embrassons du regard, nous les inter-

rogeons. Le bruit de nos armes y retentit
encore. La charge, la charge rapide, terrible,
qui enlève, la charge qui embrase, qui électrise, qui inspire l'amour de la patrie, le
mépris de la vie, nous l'entendons ! Ce n'est
pas la vôtre, blonds Bavarois, c'est celle de
la France !

Des masses sombres semblent sillonner
vos champs. Nous les voyons se précipiter,
se ruer sur d'autres masses qui plient. Un
seul commandement, un seul cri, domine le
bruit des hommes, le bruit des armes : En
avant ! en avant  Puis la charge, la charge
encore, toujours la charge ! Cela est moins
gentil que votre tambourin accompagné de
la petite flûte noire, blonds Bavarois ; mais
c'est d'une autre style et d'une autre race,
avouez-le. Et pourtant la note mélancolique,
amoureuse, a couvert les plus mâles accents
qui aient retenti depuis César.

Comme toutes les choses de ce monde, la

vertu est donc corruptible. Le fort peut donc devenir le faible ; le courageux, le timide. Au fond de ce vase séculaire, formé d'airain et d'or, où les temps avaient entassé tant de trésors, qu'hier encore on appelait la grande nation, qu'as-tu donc déposé, aveugle Fortune ?

Les charriots roulaient toujours.

Notre courage était à bout ; une dernière épreuve, plus cruelle que toutes les autres, nous attendait.

Entre des soldats allemands, tous plongés dans la laine, toujours couverts du casque en cuir bouilli, d'autres soldats ; ceux-ci sans armes, sans manteaux, sans couvertures, sans souliers, les pieds dans la boue. Un murmure d'un caractère indéfinissable s'élève sur leur passage. Devant la douleur sans bornes sachons garder un cœur sans faiblesse.

L'ennemi est là. Pour l'amour du Ciel, paraissons de fer !

Enfants de la France, soldats que la Fortune a trahis, abandonnés, levez les yeux et regardez-nous ! A travers ce masque de glace qui cache nos larmes, cherchez notre âme. La voyez-vous ? L'entendez-vous gémir de votre malheur ? De grâce ! adressez-nous un sourire en passant. Jamais, sur le chemin qui conduit chez l'étranger, vous ne trouverez plus d'affection pour vous, plus de respect pour votre drapeau, plus d'amour pour la France !

Les prisonniers passés, qu'allait-il survenir ? Méconnaissant les lieux, les temps, remontant de plus de dix siècles le cours des âges, nous nous hissâmes sur la pointe du pied pour voir défiler les populations enchaînées. La douleur nous avait fait oublier que, le marchand d'esclaves étant mort, on ne vendait plus les populations.

Notre imagination s'exaltant au fur et à mesure que nos forces physiques baissaient, nous éprouvâmes comme un vertige ; nous crûmes voir, dans le lointain, flotter une grande ombre ; puis nous crûmes entendre un soupir, un gémissement. Était-ce la fortune de la France qui passait pour ne plus revenir ?

Dans cette journée fatale, où rien de ce qui torture le corps et l'âme ne nous fut épargné, Châteaudun, la petite cité dunoise, apprit qu'il est encore quelque chose de plus terrible que l'incendie, que la ruine : la honte !

Les charriots roulaient toujours.

Les Dunois se retirèrent un à un, regagnant leurs réduits. Bientôt, seuls devant leurs foyers glacés, ils se sentirent pénétrés d'une douleur sans limites et cessèrent de pouvoir se contenir. Que de larmes répandues dans cette nuit! Les moins abattus, les plus forts, pensèrent encore à leur héroïque défense, à la patrie déchirée, meurtrie, aux caprices désordonnés de la fortune, aux desseins impénétrables de Celui qui a été, qui est, qui sera.

Les charriots roulaient toujours.

Depuis plusieurs heures la nuit avait envahi les murs de la petite cité, enveloppé d'un voile impénétrable toutes ses ruines. Un brouillard épais, sombre, pénétrant, fermait l'horizon de toutes parts. Pas une issue visible à travers les décombres! Pas une lumière! Pas une lueur au milieu de la nuit! Et, au-dessus des ténèbres isolant la petite cité du reste du monde, rien, pas même l'espérance!

Quand l'homme, par la succession impla-cable des événements, sous le poids des fautes commises, se trouve ainsi acculé, il a beau se croire fort et se raidir; bientôt, suivant la profonde formule de Valère Maxime, il se sent pris pour lui-même d'une compassion immense. Il se redresse alors, jette les yeux vers la voûte étoilée, cherchant Dieu. Mais quand Dieu, dans ces jours de détresse et de larmes, tient voilés les espaces infinis où il a dressé son trône éternel, l'homme fort devient enfant, pleure ou prie.

La nuit avançait. Les agitations cruelles allaient en s'affaiblissant sous le poids de la fatigue, de l'épuisement. Avec les premières lueurs du jour le silence s'installa dans les rues, un peu de calme descendit dans les âmes. A cette heure suprême, plus d'une image chère apparut; plus d'un nom fut murmuré avec amour; plus d'une mère qui ne pouvait être ni entendue, ni exaucée, appela son fils, de cet accent profond, déchirant, que connaissent seules les mères!

Ainsi finit à Châteaudun la journée du 21 décembre. Que son souvenir soit ineffaçable!

Les leçons que la Providence envoie aux peuples pour donner du ressort à leur génie seraient perdues s'ils pouvaient manquer de mémoire.

Patrie de Descartes, de Richelieu, de Sully, du grand Corneille, du divin Racine, de Bossuet, de Vauban, de Montesquieu, de Mirabeau, de Châteaubriand, tu n'aurais jamais été la France, si, parce que tu as été surprise, on ne veut pas dire livrée, tu devais descendre pour toujours du piédestal que t'ont fait les temps et le respect des nations. Impose silence à ta douleur, surmonte ta colère, tes mépris, recueille-toi et attends. La grande voix qui émancipa le monde, la grande lumière qui l'éclaira, tant de grandeur, d'éclat, ne sauraient disparaître de 1789 à 1870, en moins d'un siècle, en aussi peu de

jours! Non! non! tu vivras encore forte,
respectée, dans la majesté de ton passé,
appuyée que tu voudras rester sur les éter-
nelles lois de la raison, de la justice, que,
la première, tu proclamas, et hors des-
quelles il n'y a point de salut, même pour les
victorieux!

# SOMMAIRE.

BIBLIOTHEQUE NATIONALE DE FRANCE
3 7531 04324624 9

www.ingramcontent.com/pod-product-compliance
Lightning Source LLC
Chambersburg PA
CBHW061302060726
47596CB00002B/700